취업과 결혼, 진로… 그보다 더 현실적인 물음

똥
싸면서
읽는
기독교
이야기

글 차성진 · 그림 이단비

아바서원

1

덕정의 아이들에게
맘 깊이 감사를 표하며

1부

'나는 행복할 수 있을 거다'라는 굳센 믿음까진 아니어도,
이대로 이 길을 열심히 걸어가다 보면
마땅히 행복이 찾아올 거라고 생각했다.
그게 당연한 삶의 이치라고 생각했다.

그런데 어느 날,
이 길 끝에 먼저 도착한 사람들의 비명소리를 들었다.
그들은 아주 간절한 목소리로
'이곳은 행복하지 않다'고 외치고 있었다.

그때부터 문득 두려웠던 것 같다.

어쩌면 행복은
우리가 도달할 수 없는
무지개의 시작점 같은 건 아닐까?

다들 한 번쯤
'교회'에 대해서
들어봤지??

이제 더 이상 교회는
낯선 존재가 아니니까.

공동묘지냐...;;;

뉴스나 대중 매체 역시
교회 이야기들을
많이 다루잖아??

"그럼 목사님은
뉴스에 교회가 나오면
반가우시겠어요!"

아니…;;;

아아…
또 누가
무슨 짓을 한 거지
….

마음 아프지만
안 좋은 교회 뉴스가
많은 건 사실이니까.

그런데,
이런 뉴스 속의 교회 이야기가 아니라

나는 지금
기독교 이야기를
해보려고 해.

아메리카노,
카페라테가 아닌
에스프레소 원액처럼,

성경이 말하고, 예수가 말하는

진짜 기독교
이야기를 하려고.

우리 삶에 예수가 왜 필요한지,
'십자가'가 뭐 그리 대단한 일인지,
성경은 우리를 어떻게 바라보는지

그리고

'왜 너에게 **예수**를
소개하고 싶은지'

시작해볼게.

성경은 우리의 현실을 설명하는데

꽤 강한 단어를 사용하고 있어.

바로 비참함이야.

"아 나는 비참한 사람입니다.
누가 이 죽음의 몸에서
나를 건져주겠습니까?"

로마서 7장 24절

'우리가 비참하다고?'

쉽게 공감되진 않을 수도 있어

내가 한 가지
질문을 가져와볼게

사람은 과연
행복할 수 있을까?

'엥? 당연히 가능하지'

보통 우리는
이렇게 생각해.
대신 전제가 좀 붙지

'내가 아직 OO이 없는데,
OO만 있으면 난 행복할 거야!'

이렇게 말야

그래서 오늘도 다들
행복할 수 있을 거란 믿음 아래
열심히 달려가고 있어.

그런데 말야…

이 모든 생각을 뒤집어 준 사건이
최근에 일어났었어.

바로 28살
어느 유명한 가수의
죽음이었어.

너무나 행복해 보이는
사람이었기에

모두의 충격은 더욱 더 컸지

그는 세상 모두가
갈망하는 것을
다 가져봤다고 할 수 있을 거야.

어마어마한 돈
세계적인 인기와 명예
업계 최고의 성공
수많은 사람에게 받는 사랑
.
.
.

그런 그가 세상에 남긴
한 마디는
'불행하다' 였어.

마치 이런 느낌이 들었어.

우리 모두가
'행복'이라는 목적지를 향해서
함께 걸어가는데…

어떤 사람이 먼저
끝을 향해 달려가는 거야

그런데 얼마 후
갑자기 저 앞에서
외치는 소리가 들리는 거야

"얼른 돌아가세요!
여기에는 행복이 없어요!
이곳이 목적지가 아니었어요!!!"

저 멀리 먼저
목적지에 도착한 그 사람이
뒤돌아서 우릴 보고
간절하게 소리치는 거였어

"나도 뭐가 답인지는
모르겠어요!
근데, 일단 여기는
아니었어요!!"

모두가 갈망한 모든 것을
겨우겨우 손에 넣어봤지만

정작 그 안에 내가 가장 바라던
'행복'이 없다는 건
엄청난 허무였을 거야.

너희들은
어떻게 생각하니?

사람들은 자신이 원하는 것을 얻으면
행복할 수 있다고들 생각해.

아마 오늘도 거리에는
원하는 것을 얻으려 움직이는 사람들로
가득하겠지,

그리고 세상은
우리에게 말해

'**열심히 살라**'고 말야

근데 이건 '**열심히 사는 것**'
그 전의 문제인 것 같아

그 모든 것을 얻어도
'행복은 없다는 것'

이 간절한 외침을
오늘도 누군가 죽음으로
말하고 있고

그걸 우린 뉴스에서
매일 확인하고

대만 재벌가 싸움

유명 배우의 선택

또 확인하지

우린 무엇 때문에
행복하지 못할까?

우리 삶을 둘러싸고 있는
비참함의 원인은 뭘까?

소그룹 나눔 질문

• 행복의 조건을 모두 갖춘 사람들이, 행복하지 않다고 말하는 이유는 뭘까?

_____

_____

_____

• 나는 그들과 달리 행복할 수 있을까?

_____

_____

_____

2부

．

사람들 사이에서 몸을 부딪히고 살다보니
착해 보이는 법은 잘 배운 것 같다.

화나지 않은 척, 귀찮지 않은 척,
싫지 않은 척, 욕심 없는 척, 더럽지 않은 척하면 되니까.

결국
나를 잘 숨기면 착한 사람이 되는 것 같다.

그러다보니,
문득 누군가 '진짜 나'를 알면 어떡하나
걱정이 밀려올 때가 있다.

나조차도 가끔은 혐오스러운
내 안의 악함을 누군가 알게 된다면

나는 '착한', '사람'이 아닌 것이 드러나겠지.

흥미로운 질문 하나 해볼게
사람은 악할까 선할까?

**'악한 사람도 있고
선한 사람도 있지 뭐'**

라고 생각할텐데

그럼 질문을 좀 더
구체적으로 해볼게

너는 선한 사람이니
악한 사람이니?

만약에 답이 헷갈린다면
쉽게 답을 찾도록 도와줄게

내가 질문을 하나 할 건데

이 질문을 읽고서
10초간 답을 진지하게
생각해보는 거야.

자, 질문 나온다.

네가 **투명인간**이 될 수 있다면
하고 싶은 일
3가지만 떠올려 봐.

어때?

선한 생각이
단 한 개도 떠오르지 않지?

이토록 우리 안에
거부할 수 없는
'악함'의 본성이 있어

우리에게 조금이라도
기회와 **권력**이 생기게 되면

나조차도
옳지 않다고 여기는 일들에 대한
마음이 불쑥 솟아오르지

성경은 이것을

죄

라고 말하고

이게 바로 우리의
행복을 가로막는
첫 번째 **비참함**이야.

누구나 다
죄 짓고 사는
세상인 걸

"에이… 그냥 악한 마음이
삶을 비참하게 만들면
또 얼마나 비참하게 만든다고…"

그래? 한 번 같이 볼까?

MY DREAM

다들 각자
이루고 싶은 꿈들이
있을 거야

그런데, **조** 때문에
그 꿈이 오히려
내 목을 조를 수도 있어

엥? 무슨 소리냐고?

꿈을 이루면
우리에겐 힘이 생기게 돼

높은 위치에 올라가면 '아랫사람을 두는' 힘이
주목 받는 일을 하게 되면 '명성'이라는 힘이
좋은 대학에 합격하면 '명문대생'이라는 힘이 생기지.
돈을 많이 벌었을 땐 말할 것도 없고

그런데 나는 그 힘을
올바른 곳에만 쓴다고
말할 수 있을까?

당당하게

라고 말할 수 있으면
좋겠지만

지잡대 출신이 뭘 알아.

사는 짓들이 다 똑같지 뭐

저 얼굴이면 자살함ㅋㅋㅋㅋ

이미 오늘도 뉴스와 우리 주변에는
이 힘에 취해서
자신의 악함을 내뿜는 사람들을
쉽게 볼 수 있어

너 아니어도 사귈 사람 많으

말 한 마디면 너

나에서 끝장낼 수 있어

여반나? 싸움도 못하는게

투명인간의 질문에서
우리가 발견한 것처럼

우리 안에는
죄를 향한 마음이
가득하지

그렇게 내 안에 가득한 죄가
힘을 통해서
발산할 기회를 얻게 된다면…

나 스스로도
내가 어떤 사람이 될지
함부로 짐작하기 힘들지

꿈을 이루었다가
그 꿈으로 생긴 힘을
주체하지 못하는 사람들을 보면

이들은 차라리
꿈을 이루지 못했다면
더 행복했을 수도
있었을 거란 생각이 들어

그래,
우리 안의 '죄'는
이렇게 우리의 꿈마저도
독으로 바꿔놓지

그뿐 아니라 죄는
우리 안에서 끝없는
욕심을 불러 일으키는데…

이게 우리 삶을
구렁텅이로 몰아넣지.

앞에서
행복을 이야기할 때

사람들은 '**소유**'에서
행복을 찾을 때가 많다는 걸
발견했잖아

내가 돈만 있었어도..
애인이 있었으면....
내 목표만 이룬다면
난 이렇게
살지 않을거야.

68

문제는 그거지

과연 인간의 욕심을
채우는 것은 가능할까?

뉴스에서
먹고 살만한 사람들이 범죄를 저지르는 걸
종종 볼 때

우리는 좀 의아해

먹고 살만한 양반들이
왜 저런담??

내가 쟤만큼 돈이 있으면
욕심 안 부릴 자신 있는뎅

왈왈멍멍

응. 개소리

1억을 버는 사람은
10억 버는 사람이 부럽고

10억을 버는 사람은
100억 버는 사람이 부럽고…

3등은 **2등**이 탐나고
2등은 **1등**이 탐나고
1등은 **안정**이 탐나고…

어떤 사람은 욕심이 없어서
로또 1등보다는 2등이 좋다지만

만약 로또 1등 번호를 누가 알려준다면
일부러 번호를 틀릴 사람은
과연 몇이나 될까?

백화점 꼭대기 층엔
VVIP들이 있대

그리고 그들은
부유한 사람들이라지

'뭔 당연한 소리를…'

당연한 소리?
글쎄…

많은 것을 가진 사람이
또, 더 많은 것을 찾아 헤매다
VVIP가 되었다는 건

조끼랑 어울릴
티도 사야지

그리고 어울릴
치마..가방..
신발...
양말..
시계

조끼를
사야지

백화점 VVIP는 못해도
쇼핑몰 VVIP가 된다.

마치 바닷물을
퍼마시는 일 같지 않아?

소유뿐만이 아니야
성취에 있어서도 욕망은 저주가 돼

'최고가 되어야 해!'
'더 크게! 더 높이!'
'남들보다 더 많이!'

작은 성취가 주는 보람이란 마약 때문에

우리는 끝없이 스스로를 몰아가지

결국 우리는
도달할 수 없는 만족을 향해서
도달할 수 있다고 믿으며 달려가는 거야

죄의 결과물은
욕망뿐만이 아니야

죄책감은 또 어떻고…

이야기했듯이
우리 안에는 거부할 수 없는
죄성이 있기에…

너희들의 과거 중
언젠가 한 번은
잘못된 삶의 선택을
한 적이 있을 거야

그리고 그 **선택**들은
우리에게 **죄책**이 되어 다가오지

‘그 일을 내 주변 사람들이
알게 되면 어떡하지?’

·

‘아직 피해자가
원한을 가지고 있으면?’

·

‘그 일 때문에 갑자기
나에게 피해가 오게되면?’

이렇게 뒷감당에 대한
두려움도 있겠지만

자기 스스로에 대한
수치와 실망감도
어마어마하지

내가 다 망쳤어..
난 실패자야..

그리고 이 **죄책**으로
삶의 모든 행복을 날려버린 사람들을
우리는 쉽게 볼 수 있지

욕망, 죄책

이뿐인가?

각자 죄를 품은 사람들이
모이다 보니까
빈번하게 다툼도 일어나고

그 와중에

증오와 미움이

발생하기도 하고

우리 이혼해. 너 되게
별론
리 친구잖아.
이 정도 못해줘? 같이
내 태어났냐? 일 못하겠
너 실망이야 좋게
생각
너무 무능력하시너

다른 사람의 죄에 상처받는
관계의 문제도 일어나지

거기에 개인의 죄들이 모여
어마어마한 **구조적 악이**
탄생하기도 하지

맞아, 우리 삶에 낀 **죄**는
단순한 단점을 넘어서
우리 삶을 **비참**하게 만드는 존재야

그런데

죄 이상으로 우리 삶을
비참하게
만드는 것이 있다면?

소그룹 나눔 질문

• 내 안의 가장 큰 악함은 무엇일까? 그리고 나는 그 악함을 평생 잘 억제할 수 있을까?

_____

_____

• 세상에 사람들이 만들어 놓은 악함의 결과는 무엇이 있을까?

_____

_____

• 나는 무엇에 대한 욕심이 가장 강할까? 어느 정도 채운 후 나는 정말 만족할 수 있을까?

_____

_____

• 나를 가장 아프게 한 인간관계는 어떤 것이었을까? 그 때, 사람의 악함은 어떤 역할을 했었나?

_____

_____

3부

장롱 위를 청소한 적이 거의 없었다.
그 높이와 넓이가 너무 막막한지라
건드릴 엄두도 못 내었다.

그래서, 그냥 애써 미뤄두고 잊으려 했다.
그냥 다른 일에 집중하다 보면
굳이 생각나진 않으니까

그런데, 그러다가도 시선이 문득 그곳을 향하게 되거나
마른 기침이라도 나오면
내가 미뤄두었던 장롱 위에 대한 막막함이
묵직한 스트레스가 되어 다가온다.

어쩌면 우리에게 죽음은
장롱 위 먼지 같다는 생각이 든다.

어느 날,
집에 왔는데

이 시간에 계셔야 할
엄마가 안 보이는 거야

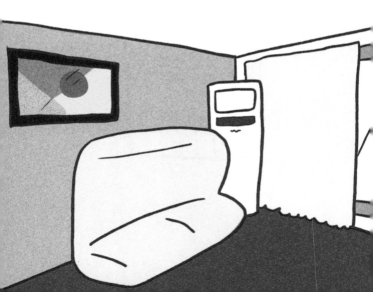

뭔가 안 좋은 기분이 들어
엄마에게 전화를 했는데…

뚜르르루....
뚜르르루....

"여보세요?"

다행히 엄마가
전화를 받았어

"아, 엄마 어디야?"

조금은
짜증 섞이게 물었지

"응, 병원 잠깐 왔어"

"병원? 병원은 왜?"

"응, 검진 좀 받으러.
요즘 아랫배 쪽에
뭔가 단단한 게 만져지네"

"... 진짜?"

"별거 아니겠지,뭐
집에 콩나물국 있으니까
우선 그거 먹고있어."

뚝.

이 통화를 마친
너의 기분은 어떨까?

그때부터 아마
굉장히 무겁고도 심각한 기분에
빠지게 될 거야

그건 바로
비참함의 두 번째 원인

죽음

의 그림자를
느꼈기 때문일 거야

인터넷에서
이런 이야기를 본 적이 있어

어느 날, 7살 난 아들이
갑자기 엄마를 찾더래

왜 우냐고 물으니
대답도 못하고

자꾸 울기만 하더래

겨우 진정된 아이가
엄마에게 물었다고 하네

"엄마…
엄마도 죽어?"

이 어린아이가 **죽음**이란 존재에 대해서
처음 인지하기 시작한 거지

결국 엄마는 차분히

라고 말했더니

아이가 그다음 날까지
밥도 먹지 않고 울었다고 해

아마 그제껏 느껴보지 못한
가장 큰 크기의
공포와 좌절을 느꼈겠지

모든 걸 할 수 있어 보이는 엄마에게

극복하지 못하는
문제가 있다는 사실

그리고 무엇보다 당연히
나와 평생 함께할 줄 알았던 엄마와

언젠가는 이별해야
한다는 사실

이것이 그 7살 아이에게는
참 받아들이기 힘들었을 거야

어때?
어린애 아니랄까봐
겁도 많지?

아니지

사실 우리도
죽음이란 문제가
너무너무 두렵거든

세상 그 어떤 행복과 계획도
죽음 앞에선 허무해지니까

앞에서 **죄와 욕망**이 주는
고통에 대해서 이야기할 때

"나는 그 어떤 욕망도 없어요.
사랑하는 가족과 함께라면 행복한 걸요."

라고 생각한 사람도 있을거야

그러나 우리에게
사망이란 존재가 있다는 걸 기억한다면

이 행복의 마지막이
얼마나 가슴 아픈지도 알게 되겠지

사망은 이별뿐만 아니라
나의 모든 것을
순식간에 앗아가지

아마 오늘도 누군가는
도로에서 목숨을
잃었을 거야

이들 중 과연 누가
그날의 죽음을 예견했을까?

이 사람들이 가지고 있던
계획, 꿈, 인간관계

이 모든 게 무슨 소용일까

더 우리에게 공포를 주는 건
이 모든 행복을 종결시키는 그 사망이

1. 어떻게 올지도 모르고

2. 언제 올지도 모르고

무엇보다⋯

3. 그다음에 무엇이 있는지
아무도 모른다는 것

"이렇게 멀쩡히
생각하는 내가
사라진다고?"

이것들이 우리에게 주는
두려움은 어마어마하지

그래서 우리는
이 큰 두려움 앞에서
애써 고개를 돌리곤 해

그리곤 현재의 삶에 몰두함으로써
애써 이 고민에서
벗어나려 노력하지

그런데 그러다가

처음 예로 든
'건강검진'처럼
죽음의 인기척을 느끼게 되면

우리는 잊고 살던 공포 속에
허덕이게 되지

자, 1부에서
너희들에게 했던 첫 질문으로
다시 돌아가볼게

사람은 과연
행복할 수 있을까?

여기에 대한 답을
잔인하고도 명확하게
알려줄게

불가능해

우리 삶에
'죄'와 '죽음'이
존재하는 한

길 _ god

한 번쯤 시간이 되면
가수 god의 '길'이란 노래를
들어봤으면 좋겠어

이 곡의 등장은
지금도 마찬가지지만,
사랑 노래 일색인 가요계에

굉장히 희한한
메시지를 전해준 사건이었어

"내가 걷고 있는 이 길이 맞을까
이 길을 계속 걸어갈 때 나는 행복할 수 있을까
도대체 무엇이 사람을 행복하게 하는 걸까"

세상의 모든 것을
가진 것처럼 보이는
가수와 작곡가의 고백이었지

이 곡에 담긴 이야기는
엄청난 주목과 인기를 끌었어

가요프로그램 7회 1위,
2001년 KBS, MBC, SBS대상,
2001년 골든디스크 음반대상

이유가 무엇이었을까?

야! 솔직히 지금 행복해?
우리가 지금 꾸는 꿈을, 모두
이룬다고 우리가 행복해질까?
인생은 이렇게 그냥
달려가면 되는 걸까?

'사실 행복은 도달할 수
없는 것 아닐까?'

하는 모두가 가지고 있던
비밀 같은 두려움을
이야기했기 때문일 거야

심지어 모든 걸 가진 것처럼 보이는
유명 가수가 말이지

그런데, 이 책은 너희에게
기독교를 소개해 주는 책이라 했잖아

근데 왜 나는 기껏
너희들의 행복을
부수는 이야기만 했을까?

그건 바로…

기독교는
'죄'와 '사망'의 해결을
이야기하는
종교이기 때문이야

그래서 나는 너가
기독교를 알아보면 좋겠어

그 어떤 기쁨도
죄와 사망 안에서는
온전한 기쁨이 되지 못하고

그것에 대한 **좌절** 때문에
삶을 망치고
잘못된 선택을 하는 사람이 있는 걸
기억해봐

그렇다면, **기독교**는
취업, 결혼, 진로보다도
더 **현실적인 이야기**야

그리고 이 해결에 대한 이야기는
우리의 대화로 남기고 싶어

우리의 삶이
비참하다는 이야기에
동의가 된다면,
그리고
그 해결이 궁금하다면,
교회의 문을
두드려주면 좋겠어

기독교는
속박을 하기 위한 곳도 아니고
삶에 짐을 더하기 위한 곳도 아니고
힘든 너의 삶을
누구보다 잘 이해하는 곳이야

네가 겪고 있는 죄와 사망이 싫어서
자신의 모든 걸 버린 누군가의 이야기를
아주 보물같이 간직하면서
너에게 들려주기만을 기다리는 곳.

이곳에 너의 발길이 닿기를
간절히 바랄게

하루하루
비참한 삶의 페이지를
넘기고 있는
너의 삶을 위로하며

fin.

소그룹 나눔 질문

• 오늘 잠에 들고 다시는 깨어나지 못할 거라는 말을 듣는다면 어떤 기분인가?

_____

_____

• 절대 죽음으로 이별하고 싶지 않은 사람은 누구인가? 그 소망이 이루어지지 않을 가능성은?

_____

_____

_____

• 내가 소멸한다고 생각했을 때 어떤 마음이 드는가? 정말 그 상황이 코 앞에 다가왔다고 생각해보자.

_____

_____

_____

에필로그

마지막 장까지 도착한 당신을 환영합니다.
어떤 마음으로 당신은 이 글을 읽으셨나요?

사실 책 제목엔 '기독교 이야기'라고 적혀있지만
실제로는 기독교 이야기가 거의 없는 것을 보셨을 겁니다.

이 모순적인 책이 만들어진 이유는
다음 한 문장을 당신에게 말하고 싶기 때문입니다.

'우리 삶엔 무언가가 필요하다.'

오늘도 뉴스에는
우리의 눈을 찌푸리게 하는 기사가 넘치고
오늘도 우리가 숨쉬는 공기 중에는
누군가 고통스런 일에 흘린 눈물이 기화되어 있습니다.

어쩌면, 당신은 실제로
이러한 고통 가운데 거하는 사람일 수도 있겠군요.

그렇습니다.
죄와 사망은 이렇게 끊임없이
자신의 존재를 우리에게 알립니다.

그래서 우리는 '무언가'가 필요합니다.
기독교 이야기의 시작점은,
바로 이 '영적 허기'를 회복하는 데서 출발해야 한다고 생각합니다.

그동안 외면하고 있던
우리 삶의 고통과 한계를 직면하고
'나에겐 무언가 결핍되어 있었구나'라고 당신이 느끼기를

이 작은 책은 간절히 소망하고 있습니다.

그리고 저는 그 무언가를 예수라고 생각합니다.

그런데, 만약 당신이
예수 대신 그 무언가가 되어줄 것을 찾았다면,
그건 그거대로 인정해 드리고 싶습니다.
제가 어찌할 수 있는 일은 아니니까요.

그래도 언젠가,
거기가 아니었나 싶으시거든
뒤통수 긁적이시지 않아도 되고
수줍어하지 않으셔도 되니
언제든 예수 안에서 답을 찾아보시길 바랍니다.

오늘도, 내일도
죄와 죽음으로 허덕여야 할 우리의 삶을 위로하며.

– 덕정의 군종실에서 차성진

여러분에게 '똥·기'를 추천합니다!!

추상적이고 형이상학적 요소가 전혀 없는, 그러나 전혀 가볍지 않은 복음을 듣고 싶은 사람들은 화장실에 갈 때 이 책을 가져가라. 화장실에서 나올 때, 복음에 대한 여러분의 이해는 화장실에 들어갈 때의 그것과 완전히 달라져 있을 것이다.

_김관성 목사(행신침례교회 담임, 「본질이 이긴다」 저자)

기독교가 '개독교, 개똥' 취급을 받는 참담한 현실에 던지는 도전장 같다. 기독교를 똥 취급하던 이들이, 똥 싸면서 넘겨보다 급하게 똥 닦고 나와 정독하게 될 '매력 넘치는' 책이다.

_김동문 목사(해외 선교사, 「중근동의 눈으로 읽는 성경」 저자)

이 책은 여느 전도지 내용처럼 함부로 지옥으로 겁을 주거나, 대책 없이 하나님의 사랑이나 천국 같은 추상적 개념을 던지지 않는다. 그 대신, 저자는 인생을 비참하게 만드는 것들에 관한 이야기를 담담히 건넨다. 그 비참함이 우리 능력으로는 도저히 해결할 수 없는 문제라는 냉엄한 첨언과 함께. 결과적으로 독자는 복잡한 교리에 앞서, 도대체 기독교가 뭘 해결하려고 하는 종교인지 명료하게 이해할 수 있을 것이다. 게다가 곳곳에서 얼굴을 들이미는 캐릭터들은 시종일관 귀엽고 몰입감 넘치기까지 하다.

_김민석 작가(웹툰 작가, 「교회를 부탁해」 저자)

실제 사역 현장에서 마주한 영혼들을 향한 간절함이 책장마다 묻어난다. 불이 난 집에서 곤히 잠든 아이를 흔들어 깨우는 듯한 저자의 안타까운 마음이, 이 책을 통해 많은 사람이 복음을 만나고 경험하는 계기로 열매 맺기를 소망한다.

_**김성일 목사**(26대 한국군종목사단장)

우리는 매일 똥을 싼다. 이걸 못하면 큰일 난다. 기독교도 그렇다. 죽은 뒤 천상에서뿐 아니라, 똥 싸듯 매일매일에 의미와 재미를 부여하는 삶의 이유이자 세계관이기 때문이다. 그래서 진짜 삶에 대한 진짜 답변을 원한다면, 기독교를 만나야 한다. 이 작은 책이 그 어려운 걸 해냈다.

_**김형국 목사**(하나복DNA네트워크 대표)

똥 싸면서 읽는 기독교 이야기(보급판)

초판 1쇄 인쇄 2020년 9월 18일
초판 8쇄 발행 2025년 4월 4일

지은이 차성진
그린이 이단비
펴낸이 정선숙

펴낸곳 협동조합 아바서원
등록 제 274251-0007344
주소 경기도 고양시 덕양구 향동로217 DMC플렉스데시앙 B동 1523호
전화 02-388-7944 **팩스** 02-389-7944
이메일 abbabooks@hanmail.net

ISBN 979-11-90376-23-5(00230)

잘못 만들어진 책은 구입한 곳에서 교환해 드립니다.